全国人民代表大会常务

中华人民共和国
民营经济促进法

中国民主法制出版社

图书在版编目（CIP）数据

中华人民共和国民营经济促进法/全国人大常委会办公厅供稿. —北京：中国民主法制出版社，2025. 5.

ISBN 978-7-5162-3932-2

Ⅰ. D922. 29

中国国家版本馆 CIP 数据核字第 2025XC5621 号

书名/中华人民共和国民营经济促进法

出版·发行/中国民主法制出版社
地址/北京市丰台区右安门外玉林里 7 号 （100069）
电话/（010）63055259（总编室）　63058068　63057714（营销中心）
传真/（010）63055259
http://www. npcpub. com
E-mail:mzfz@ npcpub. com
经销/新华书店
开本/32 开　850 毫米×1168 毫米
印张/1. 5　　**字数**/23 千字
版本/2025 年 5 月第 1 版　2025 年 5 月第 1 次印刷
印刷/廊坊市金虹宇印务有限公司

书号/ISBN 978-7-5162-3932-2
定价/8. 00 元

目　　录

中华人民共和国主席令

第四十六号

《中华人民共和国民营经济促进法》已由中华人民共和国第十四届全国人民代表大会常务委员会第十五次会议于 2025 年 4 月 30 日通过，现予公布，自 2025 年 5 月 20 日起施行。

中华人民共和国主席　习近平
2025 年 4 月 30 日

中华人民共和国民营经济促进法

（2025 年 4 月 30 日第十四届全国人民代表大会常务委员会第十五次会议通过）

目　　录

第一章　总　则

第一条　为优化民营经济发展环境，保证各类经济组织公平参与市场竞争，促进民营经济健康发展和民营经济人士健康成长，构建高水平社会主义市场经济体制，发挥民营经济在国民经济和社会发展中的重要作用，根据宪法，制定本法。

第二条　促进民营经济发展工作坚持中国共产党的领导，坚持以人民为中心，坚持中国特色社会主义制度，确保民营经济发展的正确政治方向。

国家坚持和完善公有制为主体、多种所有制经济共同发展，按劳分配为主体、多种分配方式并存，社会主义市场经济体制等社会主义基本经济制度；毫不动摇巩固和发展公有制经济，毫不动摇鼓励、支持、引导非公有制经济发展；充分发挥市场在资源配置中的决定性作用，更好发挥政府作用。

第三条　民营经济是社会主义市场经济的重要组成部分，是推进中国式现代化的生力军，是高质量发展的重要基础，是推动我国全面建成社会主义现代化强国、实现中华民族伟大复兴的重要力量。促进民营经济持续、健康、高质量发展，是国家长期坚持的重大方针政策。

国家坚持依法鼓励、支持、引导民营经济发展，更好发挥法治固根本、稳预期、利长远的保障作用。

国家坚持平等对待、公平竞争、同等保护、共同发展的原则，促进民营经济发展壮大。民营经济组织与其他各类经济组织享有平等的法律地位、市场机会和发展权利。

第四条　国务院和县级以上地方人民政府将促进民营经济发展工作纳入国民经济和社会发展规划，建立促进民营经济发展工作协调机制，制定完善政策措施，协调解决民营经济发展中的重大问题。

国务院发展改革部门负责统筹协调促进民营经济发展工作。国务院其他有关部门在各自职责范围内，负责促进民营经济发展相关工作。

县级以上地方人民政府有关部门依照法律法规和本级人民政府确定的职责分工，开展促进民营经济发展工作。

第五条　民营经济组织及其经营者应当拥护中国共产党的领导，坚持中国特色社会主义制度，积极投身社会主义现代化强国建设。

国家加强民营经济组织经营者队伍建设，加强思想政治引领，发挥其在经济社会发展中的重要作用；培育和弘扬企业家精神，引导民营经济组织经营者践行社会主义核心价值观，爱国敬业、守法经营、创业创新、回报社会，坚定做中国特色社会主义的建设者、中国式现代化的促进者。

第六条　民营经济组织及其经营者从事生产经营活动，应当遵守法律法规，遵守社会公德、商业道德，诚实守信、公平竞争，履行社会责任，保障劳动者合法权益，维护国家利益和社会公共利益，接受政府和社会监督。

第七条　工商业联合会发挥在促进民营经济健康发展和民营经济人士健康成长中的重要作用，加强民营经济组织经营者思想政治建设，引导民营经济组织依法经营，提高服务民营经济水平。

第八条　加强对民营经济组织及其经营者创新创造等先进事迹的宣传报道，支持民营经济组织及其经营者参与评选表彰，引导形成尊重劳动、尊重创造、尊重企业家的社会环境，营造全社会关心、支持、促进民营经济发展的氛围。

第九条　国家建立健全民营经济统计制度，对民营经济发展情况进行统计分析，定期发布有关信息。

第二章　公平竞争

第十条　国家实行全国统一的市场准入负面清单制度。市场准入负面清单以外的领域，包括民营经济组织在内的各类经济组织可以依法平等进入。

第十一条　各级人民政府及其有关部门落实公平竞争审查制度，制定涉及经营主体生产经营活动的政策措施应当经过公平竞争审查，并定期评估，及时清理、废除含有妨碍全国统一市场和公平竞争内容的政策措施，保障民营经济组织公平参与市场竞争。

市场监督管理部门负责受理对违反公平竞争审查制度政策措施的举报，并依法处理。

第十二条 国家保障民营经济组织依法平等使用资金、技术、人力资源、数据、土地及其他自然资源等各类生产要素和公共服务资源，依法平等适用国家支持发展的政策。

第十三条 各级人民政府及其有关部门依照法定权限，在制定、实施政府资金安排、土地供应、排污指标、公共数据开放、资质许可、标准制定、项目申报、职称评定、评优评先、人力资源等方面的政策措施时，平等对待民营经济组织。

第十四条 公共资源交易活动应当公开透明、公平公正，依法平等对待包括民营经济组织在内的各类经济组织。

除法律另有规定外，招标投标、政府采购等公共资源交易不得有限制或者排斥民营经济组织的行为。

第十五条 反垄断和反不正当竞争执法机构按照职责权限，预防和制止市场经济活动中的垄断、不正当竞争行为，对滥用行政权力排除、限制竞争的行为依法处理，为民营经济组织提供良好的市场环境。

第三章　投资融资促进

第十六条　支持民营经济组织参与国家重大战略和重大工程。支持民营经济组织在战略性新兴产业、未来产业等领域投资和创业，鼓励开展传统产业技术改造和转型升级，参与现代化基础设施投资建设。

第十七条　国务院有关部门根据国家重大发展战略、发展规划、产业政策等，统筹研究制定促进民营经济投资政策措施，发布鼓励民营经济投资重大项目信息，引导民营经济投资重点领域。

民营经济组织投资建设符合国家战略方向的固定资产投资项目，依法享受国家支持政策。

第十八条　支持民营经济组织通过多种方式盘活存量资产，提高再投资能力，提升资产质量和效益。

各级人民政府及其有关部门支持民营经济组织参与政府和社会资本合作项目。政府和社会资本合作项目应当合理设置双方权利义务，明确投资收益获得方式、风险分担机制、纠纷解决方式等事项。

第十九条　各级人民政府及其有关部门在项目推介对接、前期工作和报建审批事项办理、要素获取和政府投资支持等方面，为民营经济组织投资提供规范高效便利的服务。

第二十条　国务院有关部门依据职责发挥货币政策

工具和宏观信贷政策的激励约束作用，按照市场化、法治化原则，对金融机构向小型微型民营经济组织提供金融服务实施差异化政策，督促引导金融机构合理设置不良贷款容忍度、建立健全尽职免责机制、提升专业服务能力，提高为民营经济组织提供金融服务的水平。

第二十一条　银行业金融机构等依据法律法规，接受符合贷款业务需要的担保方式，并为民营经济组织提供应收账款、仓单、股权、知识产权等权利质押贷款。

各级人民政府及其有关部门应当为动产和权利质押登记、估值、交易流通、信息共享等提供支持和便利。

第二十二条　国家推动构建完善民营经济组织融资风险的市场化分担机制，支持银行业金融机构与融资担保机构有序扩大业务合作，共同服务民营经济组织。

第二十三条　金融机构在依法合规前提下，按照市场化、可持续发展原则开发和提供适合民营经济特点的金融产品和服务，为资信良好的民营经济组织融资提供便利条件，增强信贷供给、贷款周期与民营经济组织融资需求、资金使用周期的适配性，提升金融服务可获得性和便利度。

第二十四条　金融机构在授信、信贷管理、风控管理、服务收费等方面应当平等对待民营经济组织。

金融机构违反与民营经济组织借款人的约定，单方面增加发放贷款条件、中止发放贷款或者提前收回贷款的，依法承担违约责任。

第二十五条　健全多层次资本市场体系，支持符合条件的民营经济组织通过发行股票、债券等方式平等获得直接融资。

第二十六条　建立健全信用信息归集共享机制，支持征信机构为民营经济组织融资提供征信服务，支持信用评级机构优化民营经济组织的评级方法，增加信用评级有效供给，为民营经济组织获得融资提供便利。

第四章　科技创新

第二十七条　国家鼓励、支持民营经济组织在推动科技创新、培育新质生产力、建设现代化产业体系中积极发挥作用。引导民营经济组织根据国家战略需要、行业发展趋势和世界科技前沿，加强基础性、前沿性研究，开发关键核心技术、共性基础技术和前沿交叉技术，推动科技创新和产业创新融合发展，催生新产业、新模式、新动能。

引导非营利性基金依法资助民营经济组织开展基础研究、前沿技术研究和社会公益性技术研究。

第二十八条　支持民营经济组织参与国家科技攻关项目，支持有能力的民营经济组织牵头承担国家重大技术攻关任务，向民营经济组织开放国家重大科研基础设施，支持公共研究开发平台、共性技术平台开放共享，为民营经济组织技术创新平等提供服务，鼓励各类企业和高等学校、科研院所、职业学校与民营经济组织创新合作机制，开展技术交流和成果转移转化，推动产学研深度融合。

第二十九条　支持民营经济组织依法参与数字化、智能化共性技术研发和数据要素市场建设，依法合理使用数据，对开放的公共数据资源依法进行开发利用，增强数据要素共享性、普惠性、安全性，充分发挥数据赋能作用。

第三十条　国家保障民营经济组织依法参与标准制定工作，强化标准制定的信息公开和社会监督。

国家为民营经济组织提供科研基础设施、技术验证、标准规范、质量认证、检验检测、知识产权、示范应用等方面的服务和便利。

第三十一条　支持民营经济组织加强新技术应用，开展新技术、新产品、新服务、新模式应用试验，发挥技术市场、中介服务机构作用，通过多种方式推动科技成果应用推广。

鼓励民营经济组织在投资过程中基于商业规则自愿开展技术合作。技术合作的条件由投资各方遵循公平原则协商确定。

第三十二条　鼓励民营经济组织积极培养使用知识型、技能型、创新型人才，在关键岗位、关键工序培养使用高技能人才，推动产业工人队伍建设。

第三十三条　国家加强对民营经济组织及其经营者

11

原始创新的保护。加大创新成果知识产权保护力度，实施知识产权侵权惩罚性赔偿制度，依法查处侵犯商标专用权、专利权、著作权和侵犯商业秘密、仿冒混淆等违法行为。

加强知识产权保护的区域、部门协作，为民营经济组织提供知识产权快速协同保护、多元纠纷解决、维权援助以及海外知识产权纠纷应对指导和风险预警等服务。

第五章　规范经营

第三十四条　民营经济组织中的中国共产党的组织和党员，按照中国共产党章程和有关党内法规开展党的活动，在促进民营经济组织健康发展中发挥党组织的政治引领作用和党员先锋模范作用。

第三十五条　民营经济组织应当围绕国家工作大局，在发展经济、扩大就业、改善民生、科技创新等方面积极发挥作用，为满足人民日益增长的美好生活需要贡献力量。

第三十六条　民营经济组织从事生产经营活动应当遵守劳动用工、安全生产、职业卫生、社会保障、生态环境、质量标准、知识产权、网络和数据安全、财政税收、金融等方面的法律法规；不得通过贿赂和欺诈等手段牟取不正当利益，不得妨害市场和金融秩序、破坏生态环境、损害劳动者合法权益和社会公共利益。

国家机关依法对民营经济组织生产经营活动实施监督管理。

第三十七条　支持民营资本服务经济社会发展，完善资本行为制度规则，依法规范和引导民营资本健康发展，维护社会主义市场经济秩序和社会公共利益。支持民营经济组织加强风险防范管理，鼓励民营经济组织做优主业、做强实业，提升核心竞争力。

第三十八条　民营经济组织应当完善治理结构和管理制度、规范经营者行为、强化内部监督，实现规范治理；依法建立健全以职工代表大会为基本形式的民主管理制度。鼓励有条件的民营经济组织建立完善中国特色现代企业制度。

民营经济组织中的工会等群团组织依照法律和章程开展活动，加强职工思想政治引领，维护职工合法权益，发挥在企业民主管理中的作用，推动完善企业工资集体协商制度，促进构建和谐劳动关系。

民营经济组织的组织形式、组织机构及其活动准则，适用《中华人民共和国公司法》、《中华人民共和国合伙企业法》、《中华人民共和国个人独资企业法》等法律的规定。

第三十九条　国家推动构建民营经济组织源头防范和治理腐败的体制机制，支持引导民营经济组织建立健全内部审计制度，加强廉洁风险防控，推动民营经济组织提升依法合规经营管理水平，及时预防、发现、治理经营中违法违规等问题。

民营经济组织应当加强对工作人员的法治教育，营造诚信廉洁、守法合规的文化氛围。

第四十条　民营经济组织应当依照法律、行政法规和国家统一的会计制度，加强财务管理，规范会计核算，防止财务造假，并区分民营经济组织生产经营收支与民营经济组织经营者个人收支，实现民营经济组织财产与民营经济组织经营者个人财产分离。

第四十一条　支持民营经济组织通过加强技能培训、扩大吸纳就业、完善工资分配制度等，促进员工共享发展成果。

第四十二条　探索建立民营经济组织的社会责任评价体系和激励机制，鼓励、引导民营经济组织积极履行社会责任，自愿参与公益慈善事业、应急救灾等活动。

第四十三条　民营经济组织及其经营者在海外投资经营应当遵守所在国家或者地区的法律，尊重当地习俗和文化传统，维护国家形象，不得从事损害国家安全和国家利益的活动。

第六章　服务保障

第四十四条　国家机关及其工作人员在促进民营经济发展工作中，应当依法履职尽责。国家机关工作人员与民营经济组织经营者在工作交往中，应当遵纪守法，保持清正廉洁。

各级人民政府及其有关部门建立畅通有效的政企沟通机制，及时听取包括民营经济组织在内各类经济组织的意见建议，解决其反映的合理问题。

第四十五条　国家机关制定与经营主体生产经营活动密切相关的法律、法规、规章和其他规范性文件，最高人民法院、最高人民检察院作出属于审判、检察工作中具体应用法律的相关解释，或者作出有关重大决策，应当注重听取包括民营经济组织在内各类经济组织、行业协会商会的意见建议；在实施前应当根据实际情况留出必要的适应调整期。

根据《中华人民共和国立法法》的规定，与经营主体生产经营活动密切相关的法律、法规、规章和其他规范性文件，属于审判、检察工作中具体应用法律的解释，不溯及既往，但为了更好地保护公民、法人和其他组织的权利和利益而作的特别规定除外。

第四十六条　各级人民政府及其有关部门应当及时向社会公开涉及经营主体的优惠政策适用范围、标准、条件和申请程序等，为民营经济组织申请享受有关优惠政策提供便利。

第四十七条　各级人民政府及其有关部门制定鼓励民营经济组织创业的政策，提供公共服务，鼓励创业带动就业。

第四十八条 登记机关应当为包括民营经济组织在内的各类经济组织提供依法合规、规范统一、公开透明、便捷高效的设立、变更、注销等登记服务，降低市场进入和退出成本。

个体工商户可以自愿依法转型为企业。登记机关、税务机关和有关部门为个体工商户转型为企业提供指引和便利。

第四十九条 鼓励、支持高等学校、科研院所、职业学校、公共实训基地和各类职业技能培训机构创新人才培养模式，加强职业教育和培训，培养符合民营经济高质量发展需求的专业人才和产业工人。

人力资源和社会保障部门建立健全人力资源服务机制，搭建用工和求职信息对接平台，为民营经济组织招工用工提供便利。

各级人民政府及其有关部门完善人才激励和服务保障政策措施，畅通民营经济组织职称评审渠道，为民营经济组织引进、培养高层次及紧缺人才提供支持。

第五十条 行政机关坚持依法行政。行政机关开展执法活动应当避免或者尽量减少对民营经济组织正常生产经营活动的影响，并对其合理、合法诉求及时响应、处置。

第五十一条 对民营经济组织及其经营者违法行为的行政处罚应当按照与其他经济组织及其经营者同等原则实施。对违法行为依法需要实施行政处罚或者采取其他措施的，应当与违法行为的事实、性质、情节以及社会危害程度相当。违法行为具有《中华人民共和国行政处罚法》规定的从轻、减轻或者不予处罚情形的，依照其规定从轻、减轻或者不予处罚。

第五十二条 各级人民政府及其有关部门推动监管信息共享互认，根据民营经济组织的信用状况实施分级分类监管，提升监管效能。

除直接涉及公共安全和人民群众生命健康等特殊行业、重点领域依法依规实行全覆盖的重点监管外，市场监管领域相关部门的行政检查应当通过随机抽取检查对象、随机选派执法检查人员的方式进行，抽查事项及查处结果及时向社会公开。针对同一检查对象的多个检查事项，应当尽可能合并或者纳入跨部门联合检查范围。

第五十三条 各级人民政府及其有关部门建立健全行政执法违法行为投诉举报处理机制，及时受理并依法处理投诉举报，保护民营经济组织及其经营者合法权益。

司法行政部门建立涉企行政执法诉求沟通机制，组织开展行政执法检查，加强对行政执法活动的监督，及时纠正不当行政执法行为。

第五十四条 健全失信惩戒和信用修复制度。实施失信惩戒，应当依照法律、法规和有关规定，并根据失信行为的事实、性质、轻重程度等采取适度的惩戒措施。

民营经济组织及其经营者纠正失信行为、消除不良

17

影响、符合信用修复条件的，可以提出信用修复申请。有关国家机关应当依法及时解除惩戒措施，移除或者终止失信信息公示，并在相关公共信用信息平台实现协同修复。

第五十五条　建立健全矛盾纠纷多元化解机制，为民营经济组织维护合法权益提供便利。

司法行政部门组织协调律师、公证、司法鉴定、基层法律服务、人民调解、商事调解、仲裁等相关机构和法律咨询专家，参与涉及民营经济组织纠纷的化解，为民营经济组织提供有针对性的法律服务。

第五十六条　有关行业协会商会依照法律、法规和章程，发挥协调和自律作用，及时反映行业诉求，为民营经济组织及其经营者提供信息咨询、宣传培训、市场拓展、权益保护、纠纷处理等方面的服务。

第五十七条　国家坚持高水平对外开放，加快构建以国内大循环为主体、国内国际双循环相互促进的新发展格局；支持、引导民营经济组织拓展国际交流合作，在海外依法合规开展投资经营等活动；加强法律、金融、物流等海外综合服务，完善海外利益保障机制，维护民营经济组织及其经营者海外合法权益。

第七章　权益保护

第五十八条　民营经济组织及其经营者的人身权

利、财产权利以及经营自主权等合法权益受法律保护，任何单位和个人不得侵犯。

第五十九条 民营经济组织的名称权、名誉权、荣誉权和民营经济组织经营者的名誉权、荣誉权、隐私权、个人信息等人格权益受法律保护。

任何单位和个人不得利用互联网等传播渠道，以侮辱、诽谤等方式恶意侵害民营经济组织及其经营者的人格权益。网络服务提供者应当依照有关法律法规规定，加强网络信息内容管理，建立健全投诉、举报机制，及时处置恶意侵害当事人合法权益的违法信息，并向有关主管部门报告。

人格权益受到恶意侵害的民营经济组织及其经营者有权依法向人民法院申请采取责令行为人停止有关行为的措施。民营经济组织及其经营者的人格权益受到恶意侵害致使民营经济组织生产经营、投资融资等活动遭受实际损失的，侵权人依法承担赔偿责任。

第六十条 国家机关及其工作人员依法开展调查或者要求协助调查，应当避免或者尽量减少对正常生产经营活动产生影响。实施限制人身自由的强制措施，应当严格依照法定权限、条件和程序进行。

第六十一条 征收、征用财产，应当严格依照法定权限、条件和程序进行。

为了公共利益的需要，依照法律规定征收、征用财产的，应当给予公平、合理的补偿。

任何单位不得违反法律、法规向民营经济组织收取费用，不得实施没有法律、法规依据的罚款，不得向民营经济组织摊派财物。

第六十二条 查封、扣押、冻结涉案财物，应当遵守法定权限、条件和程序，严格区分违法所得、其他涉案财物与合法财产，民营经济组织财产与民营经济组织经营者个人财产，涉案人财产与案外人财产，不得超权限、超范围、超数额、超时限查封、扣押、冻结财物。对查封、扣押的涉案财物，应当妥善保管。

第六十三条 办理案件应当严格区分经济纠纷与经济犯罪，遵守法律关于追诉期限的规定；生产经营活动未违反刑法规定的，不以犯罪论处；事实不清、证据不足或者依法不追究刑事责任的，应当依法撤销案件、不起诉、终止审理或者宣告无罪。

禁止利用行政或者刑事手段违法干预经济纠纷。

第六十四条 规范异地执法行为，建立健全异地执法协助制度。办理案件需要异地执法的，应当遵守法定权限、条件和程序。国家机关之间对案件管辖有争议的，可以进行协商，协商不成的，提请共同的上级机关决定，法律另有规定的从其规定。

禁止为经济利益等目的滥用职权实施异地执法。

第六十五条 民营经济组织及其经营者对生产经营活动是否违法，以及国家机关实施的强制措施存在异议的，可以依法向有关机关反映情况、申诉，依法申请行政复议、提起诉讼。

第六十六条　检察机关依法对涉及民营经济组织及其经营者的诉讼活动实施法律监督，及时受理并审查有关申诉、控告。发现存在违法情形的，应当依法提出抗诉、纠正意见、检察建议。

第六十七条　国家机关、事业单位、国有企业应当依法或者依合同约定及时向民营经济组织支付账款，不得以人员变更、履行内部付款流程或者在合同未作约定情况下以等待竣工验收批复、决算审计等为由，拒绝或者拖延支付民营经济组织账款；除法律、行政法规另有规定外，不得强制要求以审计结果作为结算依据。

审计机关依法对国家机关、事业单位和国有企业支付民营经济组织账款情况进行审计监督。

第六十八条　大型企业向中小民营经济组织采购货物、工程、服务等，应当合理约定付款期限并及时支付账款，不得以收到第三方付款作为向中小民营经济组织支付账款的条件。

人民法院对拖欠中小民营经济组织账款案件依法及时立案、审理、执行，可以根据自愿和合法的原则进行调解，保障中小民营经济组织合法权益。

第六十九条　县级以上地方人民政府应当加强账款支付保障工作，预防和清理拖欠民营经济组织账款；强化预算管理，政府采购项目应当严格按照批准的预算执行；加强对拖欠账款处置工作的统筹指导，对有争议的鼓励各方协商解决，对存在重大分歧的组织协商、调解。协商、调解应当发挥工商业联合会、律师协会等组织的作用。

第七十条 　地方各级人民政府及其有关部门应当履行依法向民营经济组织作出的政策承诺和与民营经济组织订立的合同，不得以行政区划调整、政府换届、机构或者职能调整以及相关人员更替等为由违约、毁约。

因国家利益、社会公共利益需要改变政策承诺、合同约定的，应当依照法定权限和程序进行，并对民营经济组织因此受到的损失予以补偿。

第八章　法律责任

第七十一条 　违反本法规定，有下列情形之一的，由有权机关责令改正，造成不良后果或者影响的，对负有责任的领导人员和直接责任人员依法给予处分：

（一）未经公平竞争审查或者未通过公平竞争审查出台政策措施；

（二）在招标投标、政府采购等公共资源交易中限制或者排斥民营经济组织。

第七十二条 　违反法律规定实施征收、征用或者查封、扣押、冻结等措施的，由有权机关责令改正，造成损失的，依法予以赔偿；造成不良后果或者影响的，对负有责任的领导人员和直接责任人员依法给予处分。

违反法律规定实施异地执法的，由有权机关责令改正，造成不良后果或者影响的，对负有责任的领导人员和直接责任人员依法给予处分。

第七十三条 国家机关、事业单位、国有企业违反法律、行政法规规定或者合同约定，拒绝或者拖延支付民营经济组织账款，地方各级人民政府及其有关部门不履行向民营经济组织依法作出的政策承诺、依法订立的合同的，由有权机关予以纠正，造成损失的，依法予以赔偿；造成不良后果或者影响的，对负有责任的领导人员和直接责任人员依法给予处分。

大型企业违反法律、行政法规规定或者合同约定，拒绝或者拖延支付中小民营经济组织账款的，依法承担法律责任。

第七十四条 违反本法规定，侵害民营经济组织及其经营者合法权益，其他法律、法规规定行政处罚的，从其规定；造成人身损害或者财产损失的，依法承担民事责任；构成犯罪的，依法追究刑事责任。

第七十五条 民营经济组织及其经营者生产经营活动违反法律、法规规定，由有权机关责令改正，依法予以行政处罚；造成人身损害或者财产损失的，依法承担民事责任；构成犯罪的，依法追究刑事责任。

第七十六条 民营经济组织及其经营者采取欺诈等不正当手段骗取表彰荣誉、优惠政策等的，应当撤销已获表彰荣誉、取消享受的政策待遇，依法予以处罚；构成犯罪的，依法追究刑事责任。

第九章　附　　则

第七十七条　本法所称民营经济组织，是指在中华人民共和国境内依法设立的由中国公民控股或者实际控制的营利法人、非法人组织和个体工商户，以及前述组织控股或者实际控制的营利法人、非法人组织。

民营经济组织涉及外商投资的，同时适用外商投资法律法规的相关规定。

第七十八条　本法自 2025 年 5 月 20 日起施行。

关于《中华人民共和国民营经济促进法（草案）》的说明

——2024 年 12 月 21 日在第十四届全国人民代表大会常务委员会第十三次会议上

司法部部长　贺　荣

委员长、各位副委员长、秘书长、各位委员：

我受国务院委托，现对《中华人民共和国民营经济促进法（草案）》（以下简称草案）作说明。

一、立法背景和过程

党中央、国务院高度重视促进民营经济发展。改革开放以来，在党的理论和路线方针政策指引下，我国民营经济快速发展，日益成为国民经济的重要组成部分。党的十八大以来，以习近平同志为核心的党中央高度重视发展民营经济，采取一系列重大举措，民营经济在我国国民经济和社会发展中的作用持续提升，成为推进中国式现代化的生力军，高质量发展的重要基础，推动我国全面建成社会主义现代化强国、实现第二个百年奋斗目标的重要力量。党的二十届三中全会明确提出，制定民营经济促进法。作为我国第一部专门关于民营经济发展的基础性法律，将改革开放以来特别是党的十八大以来党中央、国务院关于民营经济的方针政策和实践中的有效做法确定为法律制度，有助于巩固改革成果，回应各方关切，提振发展信心，更好发挥法治固根本、稳预期、利长远的保障作用，营造有利于包括民营经济在内的各种所有制经济共同发展的法治环境和社会氛围。制定民营经济促进法已分别列入全国人大常委会和国务院2024年度立法工作计划。

按照有关工作部署，司法部、国家发展改革委商请全国人大常委会法工委共同牵头组建了由 17 家中央有关单位组成的立法起草工作专班。工作专班深入贯彻落实党中央、国务院方针政策，认真学习领悟习近平总书记关于民营经济发展的重要指示精神，梳理当前民营经济发展面临的问题，归集整理相关政策文件，分赴地方调研，多次召开座谈会听取民营经济组织代表、专家学者等的意见建议，与中央有关单位专题研究、深入论证，数易其稿。形成初稿后，听取了 21 家中央和国家机关有关单位意见，修改完善后又送 53 家中央和国家机关有关单位、31 个省（自治区、直辖市）人民政府征求意见。工作专班对各方面提出的近千条意见逐条认真研究、吸收采纳，再行组织专家论证，与各有关方面反复沟通协调，修改形成草案征求意见稿。党的二十届三中全会后，对标全会精神又作了进一步修改完善。2024年10月10日至11月8日，司法部、国家发展改革委将草案征求意见稿向社会公开征求意见。公开征求意见结束后，对社会各界提出的意见建议进行归集整理，会同有关方面认真研究、吸纳完善修改形成了草案。草案已经国务院常务会议讨论通过。

　　二、立法基本原则和思路

　　草案主要遵循以下基本原则和思路：一是坚持党的领导。旗帜鲜明规定促进民营经济发展工作坚持中国共产党的领导，坚持以人民为中心，坚持中国特色社会主义制度，坚持社会主义基本经济制度，确保民营经济发展的正确政治方向。二是坚持"两个毫不动摇"。将坚持"两个毫不动摇"明确为法律制度，向社会表明这是国家长期坚持的大政方针。三是坚持依法平等对待、平等保护。把党中央、国务院对民营经济平等对待、平等保护的要求用法律制度落下来，保障各类经济组织享有平等的法律地位、市场机会和发展权利。四是既鼓励支持民营经济发展，又注重规范和引导。促其依法经营、主动融入国家战略、弘扬企业家精神、积极履行社会责任，促进民营经济健康发展和民营经济人士健康成长。五是坚持问题导向。聚焦民营经济健康发展面临的问题，立足我国社会主义制度和国情，着力完善相关制度机制，注重规定、细化解决问题的制度措施，增强制度刚性，持续优化稳定、公平、透明、可预期的民营经济发展环境。

三、主要内容

草案共 9 章 78 条，主要规定了以下内容：

（一）促进民营经济发展总体要求。将立法的基本原则和思路作为总则重要内容，明确促进民营经济发展工作坚持党的领导，坚持"两个毫不动摇"，强调民营经济组织及其经营者应当拥护中国共产党的领导，坚持中国特色社会主义制度，积极投身社会主义现代化强国建设，遵守法律法规，遵守社会公德和商业道德，履行社会责任，接受政府和社会监督。

（二）保障公平竞争。着力健全、完善民营经济组织市场准入领域公平参与市场竞争的制度机制，把实践中行之有效的政策和做法确定为法律制度。规定市场准入负面清单以外的领域，包括民营经济组织在内的各类经济组织可以依法平等进入；对落实公平竞争审查制度、定期清理市场准入壁垒、禁止在招标投标和政府采购中限制或者排斥民营经济组织等作出规定。

（三）改善投融资环境。完善制度措施，降低制度性交易成本，优化民营经济投资融资环境。重点对支持民营经济组织参与国家重大战略和重大工程，完善民营经济组织融资风险市场化分担机制等方面作出规定。同时，明确投融资鼓励支持措施在依法前提下，按照平等适用、市场化等原则实施。

（四）支持科技创新。鼓励民营经济组织在发展新质生产力中积极发挥作用，以科技创新催生新产业、新模式、新动能。支持民营经济组织参与国家科技攻关项目，支持有能力的民营经济组织牵头承担重大技术攻关任务，向民营经济组织开放国家重大科研基础设施。鼓励公共研究开发平台、共性技术平台为民营经济组织技术创新平等提供服务，推动产学研深度融合。保障民营经济组织依法参与标准制定。支持民营经济组织依法开发利用开放的公共数据资源。加强对民营经济组织及其经营者知识产权的保护。

（五）注重规范引导。强调发挥民营经济组织中党组织政治引领作用和党员先锋模范作用；民营经济组织生产经营活动应当遵守法律法规，不得妨害市场和金融秩序、用贿赂和欺诈等手段牟利、破坏生态环境、损害劳动者合法权益和社会公共利益；民营经济组织应当完善治理结构和管理制度、规范经营者行为。同时，对依法规范和引导民营资本健康发展，构建民营经济组织源头防范和治理腐败体制机制，加强廉洁风险防控，建立独立规范的财务制度、防止财务造假等作出规定。

（六）优化服务保障。明确建立畅通有效的政企沟通机制，制定与经营主体生产经营活动密切相关的法律法规和政策措施应当注重听取意见，高效便利办理涉企事项，完善人才激励和服务保障政策措施。同时，对强化行政执法监督、防止多头执法等作出规定。健全信用修复制度，对符合信用修复条件的，及时解除惩戒措施并在相关公共信用信息平台实现协同修复。

（七）加强权益保护。规范涉及限制人身自由和查封、扣押、冻结等强制措施，并要求依照法定权限、条件和程序进行。禁止利用行政、刑事手段违法干预经济纠纷。细化办案程序，规范异地执法行为。围绕加强账款支付保障工作，强化预算管理，有针对性细化支付账款规定，设置账款拖欠协商调解处置程序等。

（八）强化法律责任。为使本法规定的制度措施得到落实，设专章强化有关违法行为的法律责任，增强制度刚性和权威性。

草案和以上说明是否妥当，请审议。

全国人民代表大会宪法和法律委员会关于《中华人民共和国民营经济促进法（草案）》修改情况的汇报

全国人民代表大会常务委员会：

　　常委会第十三次会议对民营经济促进法草案进行了初次审议。会后，法制工作委员会将草案印发各省（区、市）人大、中央有关部门、部分研究机构和54个基层立法联系点征求意见；通过代表工作信息化平台征求全国人大代表的意见；在中国人大网全文公布草案，征求社会公众意见。宪法和法律委员会、财政经济委员会、法制工作委员会联合召开座谈会，进一步听取各有关方面意见。宪法和法律委员会、法制工作委员会就草案的有关问题与有关方面交换意见，共同研究。

　　从常委会审议和征求意见情况看，各方面对制定民营经济促进法高度认同，对草案充分肯定，普遍认为：草案贯彻落实习近平总书记重要指示批示精神和党中央决策部署，将党的十八大以来党中央关于促进民营经济健康发展的重大方针、政策和举措上升为法律规范，对于全社会稳定预期、振奋信心、凝聚力量，激发民营经济发展动能，推动高质量发展，发挥民营经济在强国建设、民族复兴中的重要作用，具有重大而深远的意义，建议进一步修改完善后尽快审议出台。宪法和法律委员会于2月14日召开会议，根据常委会组成人员的审议意见和各方面的意见，对草案进行了逐条审议。财政经济委员会、国家发展和改革委员会、司法部有关负责同志列席了会议。2月19日，宪法和法律委员会召开会议，认真学习领会习近平总书记2月17日在民营企业座谈会上重要讲话精神，对草案再次进行了审议。现将民营经济促进法草案主要问题修改情况汇报如下：

一、一些意见建议，对标对表习近平总书记重要指示批示和党的二十届三中全会等精神，认真落实中央经济工作会议部署，在草案相关条款中进一步体现党中央关于构建高水平社会主义市场经济体制、优化民营经济发展环境等要求。宪法和法律委员会经研究，建议对草案作以下修改：一是，在第一条中增加"构建高水平社会主义市场经济体制"；二是，将第二条中的"坚持"社会主义基本经济制度，修改为"坚持和完善"社会主义基本经济制度；三是，在第二十七条中增加

"推动科技创新"、"建设现代化产业体系"。

二、有的常委会组成人员和地方、企业、社会公众提出，法治是最好的营商环境，建议进一步突出法治的保障作用，充实完善相关内容。宪法和法律委员会经研究，建议在草案中增加以下规定：一是，根据立法法的规定，与经营主体生产经营活动密切相关的法律、法规、规章和其他规范性文件，属于审判、检察工作中具体应用法律的解释，不溯及既往，但为了更好地保护公民、法人和其他组织的权利和利益而作的特别规定除外；二是，针对同一检查对象的多个检查事项，应当尽可能合并或者纳入跨部门联合检查范围；三是，任何单位不得违反法律、法规向民营经济组织收取费用，不得实施没有法律、法规依据的罚款，不得向民营经济组织摊派财物。

三、一些常委会组成人员和部门、地方、基层立法联系点建议，发挥行业协会商会在促进民营经济发展中的作用，在草案中增加相关规定。宪法和法律委员会经研究，建议增加一条规定：有关行业协会商会依照法律、法规和章程，发挥协调和自律作用，及时反映行业诉求，为民营经济组织及其经营者提供信息咨询、宣传培训、市场拓展、权益保护、纠纷处理等方面的服务。

此外，还对草案作了一些文字修改。

法制工作委员会同时提出了关于民营经济促进法草案合宪性涉宪性问题的研究意见。

草案二次审议稿已按上述意见作了修改，宪法和法律委员会建议提请本次常委会会议继续审议。

　　草案二次审议稿和以上汇报是否妥当，请审议。

全国人民代表大会宪法和法律委员会
2025 年 2 月 24 日

全国人民代表大会宪法和法律委员会关于《中华人民共和国民营经济促进法(草案)》审议结果的报告

全国人民代表大会常务委员会:

　　常委会第十四次会议对民营经济促进法草案进行了二次审议。会后,法制工作委员会将草案印发中央有关部门征求意见。宪法和法律委员会、法制工作委员会赴江苏调研,进一步听取意见。宪法和法律委员会于3月31日召开会议,根据常委会组成人员的审议意见和各方面的意见,对草案进行了逐条审议。财政经济委员会、国家发展和改革委员会、司法部有关负责同志列席了会议。4月18日,宪法和法律委员会召开会议,再次进行了审议。宪法和法律委员会认为,为贯彻落实习近平总书记重要指示精神和党中央决策部署,发挥法治固根本、稳预期、利长远的保障作用，鼓励、支持、引导民营经济健康发展、高质量发展，制定民营经济促进法是十分必要的。草案经过两次审议修改，已经比较成熟。同时，提出以下主要修改意见：

一、有的常委会组成人员建议，进一步体现和落实习近平总书记关于促进民营经济发展的重要指示精神和党中央部署要求。宪法和法律委员会经研究，建议在草案二次审议稿相关条款中增加以下规定：一是，引导民营经济组织经营者"坚定做中国式现代化的促进者"；二是，鼓励、引导民营经济组织"积极履行社会责任"。

二、有的常委会组成人员提出，加强劳动者合法权益保护，既是民营经济组织的法定义务，也是民营经济健康发展的内在要求，建议充实相关内容。宪法和法律委员会经研究，建议在草案二次审议稿第六条中增加"保障劳动者合法权益"；在第三十八条中增加规定：民营经济组织应当"依法建立健全以职工代表大会为基本形式的民主管理制度"。

三、根据常委会组成人员和地方的意见，宪法和法律委员会经研究，建议进一步充实服务民营经济发展的内容，在草案二次审议稿相关条款中增加规定：提升金融服务可获得性和便利度；加强法律、金融、物流等海外综合服务。

四、一些常委会组成人员和地方、部门建议，进一步规范执法行为，防止违规异地执法。宪法和法律委员会经研究，建议在草案二次审议稿中增加以下规定：一是，办理案件应当"遵守法律关于追诉期限的规定"；二是，禁止为经济利益等目的滥用职权实施异地执法。

此外，还对草案二次审议稿作了一些文字修改。

草案三次审议稿已按上述意见作了修改，宪法和法律委员会建议提请本次常委会会议审议通过。

草案三次审议稿和以上报告是否妥当，请审议。

全国人民代表大会宪法和法律委员会

2025 年 4 月 27 日

全国人民代表大会宪法和法律委员会关于《中华人民共和国民营经济促进法(草案三次审议稿)》修改意见的报告

全国人民代表大会常务委员会：

本次常委会会议于 4 月 27 日下午对民营经济促进法草案三次审议稿进行了分组审议。普遍认为，草案已经比较成熟，建议进一步修改后，提请本次常委会会议表决通过。同时，有些常委会组成人员和列席人员还提出了一些修改意见和建议。宪法和法律委员会于 4 月 27 日晚召开会议，逐条研究了常委会组成人员和列席人员的审议意见，对草案进行统一审议。财政经济委员会、国家发展和改革委员会、司法部有关负责同志列席了会议。宪法和法律委员会认为，草案是可行的，同时，提出以下修改意见：

一、有的常委委员提出，关于民营经济组织的组织形式等，应当与有关法律规定做好衔接。宪法和法律委员会经研究，建议在草案三次审议稿第三十八条中增加一款，规定：民营经济组织的组织形式、组织机构及其活动准则，适用《中华人民共和国公司法》、《中华人民共和国合伙企业法》、《中华人民共和国个人独资企业法》等法律的规定。

二、有的常委委员建议，在本法中对构建新发展格局提出要求，支持、引导民营企业更好应对风险挑战。宪法和法律委员会经研究，建议在草案三次审议稿第五十七条中增加规定：坚持高水平对外开放，加快构建以国内大循环为主体、国内国际双循环相互促进的新发展格局。

三、根据有的常委委员和有关部门的意见，宪法和法律委员会经研究，建议对草案三次审议稿有关表述作进一步完善，使之更为准确：一是，将第二十条中的"对金融机构向小型微型民营经济组织提供金融服务按照市场化、法治化原则实施差异化监管"修改为"按照市场化、法治化原则，对金融机构向小型微型民营经济组织提供金融服务实施差异化政策"；二是，将第六十二条中的"本人财产"修改为"涉案人财产"。

在审议过程中，常委会组成人员还就促进民营经济健康发展提出了其他一些很好的意见建议。宪法和法律委员会研究认为，有些问题在草案起草和审议中已作过反复研究，有些在本法和有关法律中已有体现或规定，有些可由有关部门出台配套规定和相关政策措施予以细化、明确，建议有关方面认真研究。民营经济促进法是构建高水平社会主义市场经济体制，促进民营经济健康发展、高质量发展的重要法律，具有法治创新意义。各地区、各部门、各方面要深入学习贯彻习近平总书记在民营企业座谈会上的重要讲话精神和党中央部署要求，认真做好本法的宣传解读和贯彻实施工作，及时制定配套规定和政策措施，营造促进民营经济发展的良好环境，保证法律出台实施的政治效果、法律效果、社会效果。

经与有关方面研究，建议将本法的施行时间确定为 2025 年 5 月 20 日。

此外，根据常委会组成人员的审议意见，还对草案三次审议稿作了一些文字修改。

草案修改稿已按上述意见作了修改，宪法和法律委员会建议提请本次常委会会议审议通过。

草案修改稿和以上报告是否妥当，请审议。

全国人民代表大会宪法和法律委员会
2025 年 4 月 29 日